DE LA LÉGISLATION

EN MATIÈRE

d'Interprétation des Lois

EN FRANCE.

PAR M. VICTOR FOUCHER,

Avocat-Général à Rennes.

—

Deuxième Édition.

—

PRIX : 1 F. 50 C.

RENNES.

DUCHESNE, Libraire-Éditeur, rue Royale, n°. 4.

PARIS.

[illegible], au Palais de Justice.
[illegible]-GOBELET, rue Soufflot.
DELAUNAY, au Palais-Royal.
[illegible] LEGRAND et compagnie, quai des Augustins, n°. 59.

—

1835.

De la Législation

EN MATIÈRE

D'INTERPRÉTATION DES LOIS

EN FRANCE.

PAR M. VICTOR FOUCHER,

Avocat-Général à Rennes.

DEUXIÈME ÉDITION.

1865

Rennes. — Typographie de A. MARTEVILLE.

AVERTISSEMENT

De la deuxième Édition.

Au mois de mai dernier, un professeur d'Heidelberg, auquel une science vaste et profonde a acquis une réputation plus qu'européenne, M. Mittermaïer, daigna réclamer ma coopération à une revue critique de législation publiée en Allemagne; et ce fut pour répondre à cette flatteuse proposition, que j'écrivis quelques pages sur l'une des parties les plus ardues de notre droit public, L'INTERPRÉTATION DES LOIS.

Cet essai, uniquement destiné à paraître dans une revue étrangère, ne faisait que tracer l'historique de la législation, présenter succinctement le tableau de ses diverses phases, en réclamer la réforme, et on y lisait, pour conclusion, le vœu d'un retour vers un système que de plus mûres réflexions m'ont forcé d'abandonner.

Cependant, tout imparfait que fût ce travail, quelques hommes de science m'engagèrent à le publier en France; je le fis, et le petit nombre d'exemplaires tiré (cent cinquante) fut distribué à des publicistes, à des magistrats, à des juris-consultes.

Appeler leur attention sur une mauvaise loi était mon seul but; aujourd'hui il est atteint.

M. le procureur général Dupin a mis la réforme de la loi du 30 juin 1828, à l'ordre du jour de l'opinion publique, par son discours de rentrée devant la cour de cassation.

Des débats parlementaires dont les organes de la presse sont encore l'écho, prouvent toute l'actualité de cette réforme.

J'apporte donc, en ce moment, ma pierre pour construire, comme j'avais donné mon coup de hache pour démolir.

C'est dans ce but que parait la deuxième édition d'une brochure qui, à bien dire, n'en a pas eu de première.

Rennes, le 15 janvier 1855.

DE LA LÉGISLATION

EN MATIÈRE

D'INTERPRÉTATION DES LOIS

EN FRANCE.

La loi du 3o juillet 1828 a rendu en France l'interprétation des lois au pouvoir législatif : la maxime *Ejus est interpretari legem cujus est condere*, l'a emporté dans la lutte soulevée depuis 1814 contre la loi du 16 septembre 1807, qui accordait au chef de l'État, en son conseil, l'interprétation de la loi.

Mais depuis que le pouvoir législatif est de nouveau en possession du droit d'interpréter la loi, il est survenu de sérieuses difficultés d'application ; et, dès qu'elle a paru, la loi du 3o juillet 1828 s'est trouvée dans l'impuissance d'enfanter des lois réellement interprétatives.

Pour démontrer cette proposition, dont le simple énoncé pourrait paraître paradoxal, et pour rechercher jusqu'à quel point la maxime *Ejus est interpretari legem cujus est condere* est modifiée par la forme même du gouvernement français, j'ai besoin de reprendre d'un peu haut la législation sur la matière.

Je comprends peu l'*herméneutique* d'une législation sans en exposer l'histoire d'une manière synthétique.

Sous la monarchie absolue, avant que 1789 eût jeté dans le sol ses semences d'émancipation sociale, dont les fruits, qui promettaient tant, ont été parfois si amers, la maxime qu'*au législateur appartient l'interprétation de la loi* était consacrée par le texte d'un grand nombre d'ordonnances.

Il en devait être ainsi sous une forme de gouvernement où il y avait unité dans le pouvoir législatif. La société entière se fondait si bien dans le monarque, qu'aux yeux de certains publicistes il n'y avait pas même de contre-poids dans ces assemblées des Etats-Généraux dont les plaintes, les doléances, alors même qu'elles étaient d'abord écoutées par le prince, pouvaient être étouffées par le seul fait de sa volonté et ne l'étaient que trop souvent; de telle sorte que jusqu'à un certain point le roi résumait, dans son pouvoir royal, tout le droit public français.

L'ordonnance de Moulins (1565) porte (art. 1er) :
« Les ordonnances par nous faites depuis notre
» advénement à la couronne, tant à la requeste
» des trois états qu'*autres*, mesmement celles
» concernant le fait de la justice, et semblable-
» ment celles de nos prédécesseurs, qui ne se-
» roient spécialement révoquées ou modérées,
» seront gardées et observées en nos parlemens,
» grand-conseil, chambres des comptes, et autres
» nos cours et justices, et entre tous nos subjects,
» nonobstant les remontrances faites o i réservées
» à faire sur aucuns articles d'icelles, nonobstant
» aussi que nosdits édits et ordonnances n'aient
» été publiés en aucune desdites cours. Pourront
» néanmoins les gens de nosdits parlemens et
» cours souveraines, si, par suite de temps, usage
» et expérience, aucuns articles desdites ordon-
» nances se trouvoient contre l'utilité et commo-
» dité publiques, ou être SUBJECTS A INTERPRÉ-
» TATION, déclaration ou modération, nous en
» faire telles remonstrances qu'il appartiendra
» pour y estre pourveu. Et cependant *nosdites*
» *ordonnances tiendront ;* ce que nous voulons
» avoir lieu tant pour les ordonnances ia faites
» qu'à faire. »

L'ordonnance de 1667, confirmée, en ce, par
l'arrêt du conseil du 20 août 1718, renferme deux
textes dans son titre premier, dont l'un est encore

plus explicite ; ce sont les art. 5 et 7. Le premier reproduit la disposition de l'ordonnance de Moulins, et le second est ainsi conçu : « Art. 7. » Si dans les jugemens des procès qui seront pendans à nos cours, il survient aucun doute ou difficulté sur l'exécution de quelques articles de » nos ordonnances, édits, déclarations et lettres-» patentes, *nous leur défendons de les interpréter,* » mais voulons qu'en ce cas elles ayent à se re-» tirer *pardevers nous pour apprendre ce qui* » *sera de notre intention.* »

Cette défense faite aux parlemens et cours de justice est des plus remarquables ; c'est le pouvoir judiciaire que les rois cherchaient à faire rentrer dans ses limites naturelles, lorsque les cours de justice voulaient l'agrandir sous prétexte que le serment des magistrats avait pour objet de ne rien enregistrer qui fût contraire aux lois fondamentales du royaume (1), et qu'il fallait distinguer les lois du roi, des lois du royaume (2).

Déjà cette prohibition d'interpréter la loi ressortait du dernier paragraphe de l'ordonnance de Moulins, lorsque le roi déclarait que ces *ordon-*

______

(1) Voyez les remontrances du Parlement de Paris, du 26 juillet 1718.

(2) Distinction faite par M. le premier président de Harlay, dans le lit de justice de 1586.

nances tiendroient en attendant l'interprétation
ou la modération de la loi ; mais elle ne se mon-
trait pas encore aussi sévère, ni en termes aussi
acerbes vis-à-vis de l'autorité judiciaire.

C'est que, pendant le siècle qui s'était écoulé
entre Charles IX et Louis XIV, les exigences parlementaires avaient grandi ; c'est qu'enlaçant le pouvoir royal, elles menaçaient de le mettre en tutelle.

Il est vrai que dans ces derniers temps la
royauté, entièrement débarrassée de tous ces
grands feudataires qui, pendant si long-temps,
l'avaient jalousée, marchait elle-même à grands
pas vers l'absolutisme, et qu'à défaut de pondération constitutionnelle, les parlemens s'étaient
jetés dans l'autre plateau de la balance pour l'em-
pêcher de pencher trop fortement du côté du roi.

Mais si les rois de France avaient maintenu
dans le royaume la maxime *Ejus est interpretari
legem cujus est condere*, exerçaient-ils par eux-
mêmes cette prérogative de la législature ou en
déléguaient-ils l'exercice?

On sent que souvent l'interprétation aurait
souffert de n'être que l'expression réelle de la volonté royale ; une semblable tâche ne pouvait être
remplie qu'à l'aide de connaissances spéciales ;
aussi les rois, tout en couvrant l'interprétation
du manteau royal, en déléguaient-ils l'exercice
à leur conseil.

La maxime ne périclitait pas par cette délégation ; car, propriétaire du droit d'interprétation comme du droit de faire la loi, l'interprétation n'en était pas moins émanée de l'autorité royale.

Ainsi, une ordonnance du 6 août 1349, c'est-à-dire presque du temps où les parlemens devinrent sédentaires (1302), porte : « Si aucunes » déclarations et *interprétations* estoient à faire » pour le temps à venir,..... nous voulons et or- » donnons que nos amez et féaux les *gens de* » *nostre secret conseil* à Paris, à la requeste des- » dits gardes et chancelier, les puissent faire et » déclarer par toutes les voyes et manières que » bon leur semblera à faire ; et au cas qu'ils n'y » pourroient vaquer et entendre bonnement, il » nous plaist et voulons que par nos féaux et » amez les gens de nos comptes à Paris soit dé- » claré et ordonné en la manière dessus dite » (art. 33). »

Depuis, le conseil du roi conserva cette attribution, qui se liait avec le pouvoir d'annuler les jugemens et arrêts définitifs rendus en violation de la loi, et que les rois s'étaient réservé par des motifs empruntés également à la législation romaine (v. ff. tit. 8, 3, 1. *Quæ sententiæ sine appellatione rescindantur*).

Tel était l'état de la législation en France en 1790, pour ce qui est de l'interprétation *authentique.*

Quant à l'interprétation *d'usage* et de jurisprudence, elle résultait des arrêts des cours souveraines, et particulièrement des arrêts dits *de
réglement.*

Ces arrêts, par leur importance, leur solen-
nité, et par l'appui qu'ils trouvaient dans le pouvoir même des grands corps dont ils émanaient,
prenaient bien de ces circonstances un caractère
de gravité; mais ils n'en étaient pas moins de
simples monumens de jurisprudence qui, en ce
qui touche l'interprétation de la loi, n'avaient
rien d'authentique, aux termes des ordonnances
précitées, qui leur refusaient cette autorité.

Ce serait en vain que pour contester la vérité
de cette théorie, on opposerait le droit de remontrance des parlemens, les arrêts d'enregistrement avec modification, et même leur pouvoir réglementaire en matière de police ou de
forme de procéder; car, dans ces différentes hypothèses, les parlemens agissaient plus comme
pouvoir politique que comme autorité judiciaire,
et s'il y a une conséquence à tirer de l'étude de
notre histoire, sous ce point de vue, c'est le défaut
de limites vraies et stables de l'autorité parlementaire, rétrécie ou élargie selon l'état de force ou
de faiblesse de la royauté (1).

(1) L'époque de la minorité de Louis XV en offre un

Si donc en France, avant 1789, la maxime *Ejus est interpretari legem cujus est condere* recevait son application, parce qu'il y avait unité dans le pouvoir législatif, le monarque législateur avait senti la nécessité d'y apporter un tempérament qui la rendît praticable, et répondît aux besoins incessans qui naissaient de son application journalière.

Mais avec 1789 et le pouvoir législatif divisé

exemple remarquable : les art. 2 et 5 du tit. 1ᵉʳ de l'ordonnance de 1667, tels qu'ils furent interprétés par la fameuse ordonnance du 24 février 1673. forçaient les cours « à pro-» céder incessamment, sans y apporter aucun retardement, » à l'enregistrement des ordonnances, sans que les remon-» trances qui nécessiteraient des modifications à y faire pus-» sent faire surseoir à leur exécution »; mais à la mort de Louis XIV, le parlement de Paris, fatigué du frein qu'il n'avait osé rompre sous le règne du grand roi (*), se hâta de réclamer le droit de remontrance préalable, comme condition du fameux arrêt d'homologation du testament du feu roi (2 septembre 1715), et de son concours au lit de justice qui suivit cet arrêt (12 septembre 1715); ce

(*) « En effet, depuis cette déclaration les remontrances furent non » seulement différées, mais par là même abolies; on n'en trouve plus » aucun exemple. Jusqu'à la mort du feu roi et pendant le reste de » son règne, c'est-à-dire pendant quarante-deux ans, l'enregistrement » de tous les édits et de toutes les déclarations devint tellement de » style, que les conseillers au parlement ne prenaient même pas la » peine d'opiner sur ce point. » (D'Aguesseau, Fragmens sur l'origine » et l'usage des remontrances, édition de 1819, tome 10, pages 14 et 15).

entre le roi et les assemblées nationales, surgi-
rent de véritables, l'on pourrait dire d'inextrica-
bles difficultés dans l'application du principe
qu'on voulut conserver à toute force.

Lors de la suppression du conseil privé des
parties qui, sous la monarchie absolue, faisait
les fonctions de cour de cassation, et dès la création de cette cour suprême sur des bases qui aujourd'hui encore la placent à la tête des nouvelles

que le régent, alors en son pouvoir, lui concéda par la
déclaration du 15 septembre 1715. Cependant ce censeur
jaloux devint bientôt incommode au prince, qui, devenu
assez fort pour se passer de son appui, restreignit le droit
de remontrance à de telles limites, par l'arrêt du conseil
du 20 août 1718, qu'il en fut le retrait en réalité : attendu,
dit le préambule de l'arrêt, « *Que la compagnie a abusé des*
« *différentes marques de considération dont il a* PLU A S. M. DE
« L'HONORER, *et même de la* GRACE *qu'elle a bien voulu lui ac-*
« *corder aussitôt après son avénement à la couronne, en lui per-*
« *mettant de faire à Sa Majesté des remontrances sur les édits et*
« *ordonnances avant de les enregistrer.* » (Cet arrêt, suivi de
lettres-patentes, ne put être enregistré que dans un lit de
justice).

Grand nombre d'auteurs modernes ont puisé leurs opinions toutes faites sur les droits et pouvoirs des parlemens
dans les *Maximes du droit public français*, ouvrage de trois
avocats, qui, tout en renfermant beaucoup de documens
précieux, n'est qu'un véritable plaidoyer en faveur des
parlemens.

institutions (1), on crut indispensable de spéciali-
ser les cas où il y avait lieu à interprétation authentique et de déterminer la forme de cette interprétation.

La loi du 1er. décembre 1790 décida qu'après
deux cassations pour le même motif la question
ne pourrait plus être soumise à la cour de cassation, mais au corps législatif, qui, en ce cas,
porterait un décret déclaratoire de la loi, lequel,
sanctionné par le roi, serait la base du jugement
de la cour de cassation.

Ainsi, après la deuxième cassation, la contra-
riété de la troisième décision des jurisdictions inférieures avec les deux précédens arrêts de la
cour de cassation, faisait suspendre le cours de la
justice, qui ne retrouvait la vie que par le décret
interprétatif du corps législatif.

Mais ce décret, rendu en vue d'un litige pré-

____

(1) « C'est une chose remarquable : depuis la démo-
» cratie la plus dissolue jusqu'au despotisme le plus con-
» centré, nous avons épu. toutes les combinaisons poli-
» tiques ; mais, dans tous nos bouleversemens, on a res-
» pecté la cour de cassation ; on n'a jamais porté de plain-
» tes contre elle. Immuable sur sa base, cette création
» nouvelle, autour de laquelle tout a changé. a vu passer
» dix gouvernemens qui se sont renversés les uns sur les
» autres.... » (Rapport de M. Flauguergues à la séance de
la chambre des députés, du 17 décembre 1814).

existant, et objet de controverse sous le rapport de la doctrine, avait jusqu'à un certain point l'apparence d'un jugement définitif, au moins en ce qui était de la question de droit.

Il faut dire cependant que, dans ce système, on essayait de conserver le principe de rétroactivité, tel que le posaient le droit romain et l'ancienne législation (1).

Mais comment arriver à une exécution exacte, continue, pour chaque espèce, avec des assemblées législatives toutes politiques dont les sessions pouvaient se proroger? Le vice était grave, sa constatation amena plusieurs modifications : ainsi l'art. 256 de la constitution du 5 fructidor an 3 voulut que le référé au corps législatif eût lieu après une première cassation, afin d'accélérer la décision législative, et pour laisser moins de durée à la perturbation résultant du conflit.

Postérieurement, la loi du 27 ventôse an 8 déclara que si, après une cassation, le second ju-

____

(1) *Lex declaratoria omnis, licèt non habeat verba de præterito, tamen, ad præterita ipsa vi declarationis, omninò trahitur: non enim tum incipit interpretatio cùm declaratur, sed efficitur tanquàm contemporanea ipsi legi : itaque leges declaratorias ne ordinato, nisi in casibus, ubi leges cum justitiâ retrospicere possint* (aphor. 51, Bacon). Voyez aussi Domat, **Lois civiles**, livre préliminaire, tit. 1er, sect. 1re, n°. 14.

gement sur le fond était attaqué par les mêmes moyens que le premier, la question serait portée devant toutes les chambres réunies de la cour de cassation.

De cette dernière loi, qui ne parlait pas de troisième cassation, il semblait résulter que le deuxième arrêt de la cour de cassation formerait jurisprudence, et que le législateur voulait que les cours et tribunaux s'y conformassent, bien que cette loi n'infirmât pas autrement les dispositions législatives antérieures.

Il en fut ainsi jusqu'en 1806, où une troisième cour d'appel jugea comme les deux autres.

Alors parut la loi du 16 septembre 1807, qui déclara que, dans cette hypothèse, il y avait lieu à interprétation, et qu'elle serait donnée dans la forme des réglemens d'administration publique.

L'art. 440 du Code d'instruction criminelle confirma ce système en disant : « Lorsque, après » une première cassation, le second arrêt ou ju- » gement sur le fond sera attaqué par les mêmes » moyens, il sera procédé selon les formes pre- » scrites par la loi du 16 septembre 1807. »

D'après ces textes, c'était donc dans la forme des réglemens d'administration publique qu'était donnée l'interprétation authentique.

Or en 1807, bien que Napoléon eût déjà, *par le fait*, usurpé en grande partie les pouvoirs constitutionnels, les réglemens d'administration publique étaient donnés d'après une forme déterminée par la constitution de l'an 8. En effet, ils étaient délibérés par le conseil d'état, qui alors devait avoir présens les deux tiers de ses membres ; et il convient de remarquer qu'à cette époque il était chargé de développer le sens des lois (*réglement du 5 nivôse an 8*), et que le sénatus-consulte organique du 28 floréal an 12 (18 *mai* 1804) le rangeait au nombre des pouvoirs constitutionnels dont les membres devaient, comme les juges, recevoir un brevet de conseiller d'état à vie, après cinq ans d'inscription sur la liste des membres du conseil en service ordinaire (*art.* 75 *et* 77).

On comprend la garantie que présentait l'interprétation des lois donnée dans cette forme.

Cet état de choses dura jusqu'à la fin de l'empire, sans qu'il soulevât contre lui la moindre objection.

En 1814, après la promulgation de la Charte et à la date du 21 septembre, la chambre des députés prit la résolution de supplier le roi de proposer une loi portant qu'après deux cassations la déclaration interprétative de la loi serait rendue par les deux chambres, et dans les formes constitutionnelles.

Cette résolution fut adoptée par la chambre

des pairs; mais présentée au roi, le monarque répondit qu'il en délibérerait.

Cette résolution aurait eu nécessairement pour effet d'abroger la loi du 16 septembre 1807, ainsi que l'art. 440 du Code d'instruction criminelle; mais n'ayant pas été sanctionnée par une proposition royale, elle n'était plus qu'une simple opinion qui, aux termes de la Charte, ne pouvait abroger une loi et un article d'un Code en pleine vigueur : aussi MM. Toullier (1) et Paillet (2), tout en manifestant le désir qu'ils auraient eu de voir la supplique des chambres accueillie par le roi, conviennent-ils que l'on vivait encore sous le régime de la loi de 1807.

La résolution le démontrait au besoin, puisqu'elle était la meilleure preuve que les chambres ne pensaient pas que la loi qu'elle avait pour but d'abroger l'eût été par la Charte elle-même; autrement, cette délibération aurait été sans objet.

Cependant c'est comme incompatible avec la Charte, que cette loi a été attaquée, renversée et remplacée par la loi du 30 juillet 1828, dont il est nécessaire de transcrire les dispositions.

Cette loi est ainsi conçue :

« Art. 1er. Lorsque après la cassation d'un pre-

---

(1) *Droit civil français*, 1er. volume.
(2) *Droit public français*, page 1112.

» mier arrêt ou jugement en dernier ressort, le
» deuxième arrêt ou jugement rendu dans la même
» affaire, entre les mêmes parties, est attaqué par
» les mêmes moyens que le premier, la cour de
» cassation prononce toutes les chambres réunies.

» Art. 2. Lorsque la cour de cassation a annulé
» deux arrêts ou jugemens en dernier ressort ren-
» dus dans la même affaire, entre les mêmes par-
» ties, et attaqués par les mêmes moyens, le ju-
» gement de l'affaire est, dans tous les cas, ren-
» voyé à une cour royale : la cour royale saisie
» par l'arrêt de cassation prononce toutes les
» chambres réunies.

» S'il s'agit d'un arrêt rendu par une chambre
» d'accusation, la cour royale n'est saisie que de
» la question jugée par cet arrêt. En cas de mise
» en accusation ou de renvoi en police correc-
» tionnelle, ou de simple police, le procès sera
» jugé par la cour d'assises ou par l'un des tri-
» bunaux du département où l'instruction aura
» été commencée.

» Lorsque le renvoi est ordonné sur une ques-
» tion de compétence ou de procédure en matière
» criminelle, il ne saisit la cour royale que du
» jugement de cette question : l'arrêt qu'elle rend
» ne peut être attaqué, sur le même point et par
» les mêmes moyens, par la voie du recours en
« cassation : toutefois il en est référé au roi, pour

» être ultérieurement procédé par ses ordres à
» l'interprétation de la loi.

« En matière criminelle, correctionnelle ou de
» police, la Cour royale à laquelle l'affaire aura
» été renvoyée par le deuxième arrêt de la cour
» de cassation ne pourra appliquer une peine plus
» grave que celle qui résulterait de l'interprétation
» la plus favorable à l'accusé.

» Art. 3. Dans la session législative qui suit le
» référé, une loi interprétative est proposée aux
» chambres.

» Art. 4. La loi du 16 septembre 1807, relative
» à l'interprétation des lois, est abrogée. »

Cette loi constitue la législation en vigueur sur
la matière.

Comme on le reconnaîtra facilement, elle statue tant sur la suite du procès qui donne lieu à
l'interprétation de la loi, que sur la forme dans laquelle cette interprétation doit être donnée authentiquement.

C'est sous ce double rapport que nous avons à
envisager la loi de 1828.

Bien que présenté par plusieurs théoriciens, le
système qu'elle consacre avait toujours été repoussé comme manquant à la première condition
d'une loi interprétative ; c'est-à-dire comme
n'ayant ni coexistence avec la loi qui réclame l'interprétation, ni application à l'espèce qui est ré-

gie naturellement par la loi. et, par conséquence rationnelle et forcée, par la loi interprétée, ainsi que le proclamait le système de la loi du 1er. septembre 1790.

Mais on a vu que cette juxta-position de la loi interprétée et de son application à une espèce déterminée, préexistante à l'interprétation, et régie à l'aide d'une fiction légale, par la loi d'interprétation, engendrait de si graves difficultés d'exécution, qu'il avait fallu renoncer à cette conséquence et essayer un nouveau mode plus en harmonie avec la forme de gouvernement.

C'est parce que le législateur de 1828 se rappela ces difficultés et en fut frappé, que, pour les éviter, il n'établit aucune connexité entre l'espèce qui donnait lieu à l'interprétation de la loi, et refusa ainsi tout effet rétroactif à la loi d'interprétation.

Mais, en adoptant un semblable mode, on s'est condamné, comme je l'ai dit, à ne jamais rendre de lois réellement interprétatives.

Car, sous cette législation, la loi interprétative peut modifier, abroger le principe même de l'ancienne loi, se substituer à sa place ; en un mot, la remplacer.

C'est aussi ce qu'a voulu le législateur de 1828.

La loi ne dispose que pour l'avenir, et n'est nullement portée pour rendre à la justice son cours suspendu par le conflit de décisions entre les corps judiciaires sur la même affaire.

De cette affaire et du principe qui doit servir à sa décision, le législateur ne s'en occupe pas, en ce sens que la loi interprétative ne rétroagit en aucune manière sur la décision, qui peut même être contraire à l'interprétation législative : et ce qui est encore plus extraordinaire, le législateur n'entend pas s'expliquer davantage sur la loi existante au moment où le litige est né ; c'est une loi nouvelle qu'il veut faire : cependant, à lire le titre de la loi de 1828, c'est la forme à donner aux déclarations interprétatives de la loi qu'il doit y tracer !

Pour qu'on ne pense pas qu'ici je m'abuse sur l'intention du législateur, je rapporterai deux passages des discours prononcés lors de la discussion de la loi.

« La loi *nouvelle*, disait M. le garde-des-sceaux, » que le législateur portera à l'occasion d'une in- » terprétation demandée, pourra donc être essen- » tiellement *distincte* de la loi *ancienne* ; elle » pourra même lui être *contraire*... »

« ... Comment le législateur, disait M le comte » Molé (rapporteur de la commission à la cham- » bre des pairs), remédiera-t-il au mal général » et à une sorte d'anarchie qui résultent de l'obs- » curité de la loi ? Sera-ce par une formule *décla-*

» *rative*, par cette interprétation que les publi-
» cistes appellent *authentique* ou *de déclaration ?*
» Messieurs, *je le nie encore* : il y remédiera par
» une loi nouvelle. Quand donc, me dira-t-on, y
» aura-t-il lieu à *interprétation ?* JAMAIS. »

Quelle conséquence tirer de ces discours, si ce
n'est qu'il n'y a plus de lois interprétatives; si ce
n'est que les principes consacrés par la législation
de tous les temps, en matière de loi interprétative, ne doivent pas être suivis pour les lois rendues d'après celle de 1828?

Cependant, dans une discussion récente devant
la chambre des députés, M. Dufaure a cherché
avec une rare habileté à démontrer que cette loi
ayant rendu au pouvoir législatif le droit d'interprétation, il ne peut que porter une déclaration
interprétative toutes les fois qu'il se trouve saisi
en vertu de la loi de 1828, sauf ensuite à modifier,
à réformer pour l'avenir, la loi ainsi interprétée,
ou même à la remplacer par une nouvelle (1).

Sans doute telle serait la conséquence logique
à tirer d'une loi qui ne concéderait qu'un pouvoir interprétatif; mais tel n'est pas celui qu'a
voulu donner aux chambres la loi de 1828.

(1) Séance du 25 décembre 1834; *Moniteur* des 26 et
27 décembre 1834.

La démonstration m'en paraît faite jusqu'à l'évidence (1).

Tout le système de M. Dufaure, incontestable, pris dans son sens abstrait, ne peut s'admettre en présence du texte de la loi de 1828, et l'erreur de l'honorable député vient de ce qu'il a voulu voir une loi rationnelle dans une loi mal coordonnée, conçue dans un sens, adoptée dans un autre; dans une loi qui ment à son titre et a dévié de son but.

Car, comme le fait observer M. Duvergier dans ses annotations judicieuses sur cette loi (2), voici quel sera le résultat de la nouvelle législation : « Deux fois la cour de cassation a cassé; la troi- » sième cour royale juge comme les deux précé- » dentes, mais la loi interprétative vient confir- » mer les décisions de la cour de cassation : en cet » état de choses, il s'élève un autre procès iden- » tique avec le premier et résultant de faits anté-

(1) « Au surplus, je termine par ce seul mot, qui n'est » que la répétition de ce que j'ai dit, mais qui est décisif : » C'est que, dans l'art. 3, la chambre de 1828 a, par » amendement, substitué le mot *loi* au mot *déclaration*, » et cela uniquement pour que la loi ne régisse pas le passé, » mais l'avenir, ainsi que le veut l'art. 2 du Code civil. » (Discours de M. le garde-des-sceaux à la chambre des députés, séance du 25 décembre 1834).

(2) Voyez sa *Collection des lois*, volume de 1828.

» rieurs : deux cours royales jugent comme ont
» jugé les deux autres dans le premier procès : qui
» les en empêcherait ? La loi nouvelle ? Elle est in-
» novative ; et si les arrêts la visaient et décla-
» raient formellement qu'ils l'appliquent, on pour-
» rait en demander la cassation pour contraven-
» tion à l'art. 2 du Code civil. La cour de cassa-
» tion, suivant toujours l'opinion qu'elle avait
» conçue sous l'empire de l'ancienne loi, casse les
» deux arrêts et renvoie à une troisième cour.
» Quelle que soit la décision de celle-ci, il y a lieu
» à interprétation : or, cette interprétation a déjà
» été donnée ; le référé ne pourra donc avoir
» lieu... »

C'est donc là une grave anomalie, à laquelle on
n'a pu échapper au milieu de tous les obstacles
dont se trouvait hérissé le but de rendre au législateur lui-même l'interprétation de la loi.

Mais si, sous le point de vue de l'interprétation
déclarative, tel est l'ensemble des dispositions de
la nouvelle loi, son effet n'est pas moins dange-
reux et subversif de l'ordre hiérarchique des jurisdictions, pour ce qui touche l'interprétation
doctrinale ou de jurisprudence.

Du moment que la loi nouvelle ne pouvait avoir
aucune influence sur la décision du procès qui, cependant, y avait donné lieu, l'autorité judiciaire
était seule appelée à mettre un terme à ce litige;

mais plusieurs systèmes se présentaient : on pouvait renvoyer la décision définitive de toute l'affaire ou seulement la décision du point de droit, à la cour de cassation, dont l'arrêt, dans cette seconde hypothèse, eût été exécutoire pour la cour ou le tribunal auquel aurait été renvoyé l'examen du fond après la deuxième cassation; de telle sorte que cette cour ou ce tribunal n'eût eu qu'à appliquer ce fait au droit interprété par la cour suprême.

Au lieu d'adopter l'un ou l'autre de ces modes (où du moins la cour de cassation conservait la décision définitive du point de droit dans chaque affaire), le législateur de 1828, préoccupé de cette pensée que l'autorité de la cour de cassation ne peut être que morale; que ses arrêts ne peuvent enchaîner l'indépendance du juge du fait, ni commander son opinion, a cru devoir abandonner à ce dernier le jugement définitif sur la contestation judiciaire, tant sur le point de droit que sur le fait.

Ce système, déjà présenté plusieurs fois par les publicistes (1), avait été combattu comme contraire au but de l'institution de la cour de cassation, qui, créée pour ramener toutes les inter-

(1) Voyez *De l'ordre légal en France*, par M. DUVERGIER et HALBANNE. tome 1er, pages 206 et 207.

prétations de la loi à une seule, la plus rationnelle, voit ainsi ses arrêts demeurer sans force aucune, méconnus même par les tribunaux inférieurs, puisqu'en définitive, dans chaque affaire où il y aura lutte engagée entre la cour suprême et les cours inférieures, celles-ci pourront constamment l'emporter dans la décision du litige.

La loi de 1828 a donc brisé le prisme de la jurisprudence de la cour de cassation, et sapé une des plus belles institutions des temps modernes.

Car la cour de cassation était la conséquence forcée de l'art. 4 du Code civil, qui, lui-même, l'est du rejet des formules dans notre législation et de l'adoption des actions de bonne foi, puisque l'obligation incessante de juger eût mis la loi dans un péril continuel sans ce beau contre-poids, véritable pondération de la loi et de l'équité (1).

Comment donc, avec le désir de répondre à une réclamation de l'opinion publique, la législature a-t-elle été conduite à faire un pareil œuvre?

C'est qu'il n'y a pas de loi interprétative possible avec la forme du Gouvernement français; c'est que, ainsi que l'ont reconnu M. le garde-des-sceaux et M. le comte Molé, il ne peut y

(1) Voyez *Du régime constitutionnel*, par M. HELLO, pages 298 et 299.

avoir que des *lois nouvelles*; que, par conséquent, l'interprétation déclarative et r*troactive* ne peut se révéler sous la forme d'une loi.

Pourquoi?

Par suite de la division des pouvoirs qui composent la législature en France.

Le principe *Ejus est interpretari legem cujus est condere*, tel qu'il est entendu par nos législateurs modernes, c'est-à-dire lorsqu'on le traduit par cet aphorisme, que *l'interprétation de la loi doit avoir lieu par une autre loi*, n'est pas applicable à notre gouvernement représentatif : la meilleure preuve c'est que, sous prétexte de le faire revivre, on a tué l'interprétation elle-même.

Ce principe ainsi entendu ne peut recevoir son exécution que sous un gouvernement où il y a unité dans le pouvoir législatif : il était bon pour le temps où il fut proclamé; mais, en suivant l'histoire de l'interprétation de la loi dans la législation romaine, on reconnaîtra qu'il ne lui fut pas toujours appliqué, et sur-tout qu'il ne fut pas oujours entendu ainsi que nous le faisons.

A cet égard, qu'il me soit permis de retracer uccinctement cette législation; car, comme c'est a fausse interprétation donnée à une maxime qui n est tirée, qui a induit en erreur ceux qui l'ont oulu importer sur un terrain qui n'en permettait as le développement, il est nécessaire de recourir aux sources, pour démontrer les causes qui l'empêchent de s'acclimater dans nos régions politiques.

Il faut donc se demander à qui, dans les différens âges de la législation romaine, appartenait le droit d'interpréter la loi *par voie de déclaration.*

Avant la découverte des Institutes de Gaïus, il aurait été difficile de faire une réponse complète à cette question.

Aujourd'hui, en partant de cette division généralement admise de la législation romaine en quatre grandes époques, on peut tenter une réponse.

L'interprétation de la loi ne peut remonter au-delà de la loi des Douze Tables, qui ouvre la seconde époque de la législation romaine; le premier âge n'offre absolument rien sur l'interprétation des lois; les monumens législatifs de cette époque sont tous couverts de la même incertitude : tout était caché dans le sanctuaire.

Avec la loi des Douze Tables commence l'interprétation des lois.

La concision du texte, l'obscurité des expressions qui vieillirent promptement, et bientôt l'insuffisance de la loi, rendirent l'interprétation nécessaire, en lui donnant une prodigieuse extension. Les jurisconsultes furent naturellement investis du soin de faire cette interprétation, plus encore que du droit d'interpréter ; mais cette interprétation n'était donnée que *par voie de doctrine* et non *par voie d'autorité* (1).

Mais ces interprétations connues sous le nom de *Disputationes fori*, lorsqu'elles se trouvaient consacrées par la décision des magistrats, suivies d'une pratique constante, et vivifiées par le consentement tacite et général, puisaient à cette source une autorité que n'avaient pu leur donner de simples jurisconsultes.

Cette autorité les rendit l'élément principal de ce droit appelé *non-écrit* et introduit par l'usage (2).

Ainsi, dans le second âge de la législation romaine, l'interprétation *directe*, *écrite*, et *par*

(1) Quant aux avis des jurisconsultes sur les questions de droit considérées d'une manière abstraite, rien ne nous annonce que du temps de la république, les magistrats et les juges se soient jamais considérés comme liés par de semblables avis. (*Introduction à l'étude du droit*, par M. BLONDEAU, doyen de la faculté de droit de Paris).

(2) *His legibus latis, cæpit, ut naturaliter evenire solet, ut interpretatio desideraret prudentium auctoritate necessariam esse disputationem fori. Hæc disputatio, et hoc jus, quod sine scripto venit, compositum à prudentibus, propria parte aliqua non appellatur, ut cæteræ partes juris sui designantur, datis propriis nominibus cæteris partibus, sed communi nomine appellatur* Jus civile. (ff. 1, 2, 2, § 5).

voie d'autorité, n'appartenait encore à personne.

Sous le règne d'Auguste commence la véritable interprétation de la loi par voie d'autorité; mais ce prince en délégua l'exercice à des jurisconsultes qu'il autorisait spécialement à répondre sur le droit, et il fit cette délégation en vertu de la loi *Regia* (dont l'existence ne peut plus être révoquée en doute depuis la découverte du manuscrit de Gaïus), qui lui concédait le pouvoir législatif (1).

La réunion de ces jurisconsultes pourrait être comparée à notre conseil d'État; et l'autorité donnée à leurs décisions, par suite de la délégation qui leur était faite d'une partie de la souveraineté, s'alliait parfaitement avec les nécessités minutieuses de l'interprétation, même par voie d'autorité, et en était une conséquence rigoureuse.

Mais le dissentiment entre ces jurisconsultes devait jeter le juge dans le plus grand embarras et constituer un état négatif dans la législation, qu'un rescrit d'Adrien fit cesser.

Par ce rescrit, ce prince régularisa l'exercice du droit d'interprétation, et il en soumit l'efficacité

______

(1) *Primus dictus Augustus, ut major juris auctoritas haberetur, constituit ut ex auctoritate ejus responderent.* (ff 1, 2, 2, § 47).

législative à la condition de l'unanimité des jurisconsultes interrogés sur la question (1).

La fameuse constitution de Théodose le Jeune, relative à l'autorité des cinq jurisconsultes romains, Papinien, Paul, Gaïus, Ulpien et Modeste, porta un coup terrible à ce droit d'interprétation; car ordonner au juge de suivre sur une question l'avis de la majorité de ces jurisconsultes, ou celui de Papinien en cas de partage, et, si Papinien ne prononce pas sur la question, donner au juge le droit de choisir entre l'avis des jurisconsultes dont l'autorité est égale, n'était pas accorder le droit d'interpréter aux jurisconsultes vivans, mais c'était plutôt commander l'interprétation et limiter l'exercice de ce droit en donnant force de loi aux opinions de ces célèbres morts : autrement, c'était confirmer après leur décès l'autorité qu'ils avaient reçue du rescrit d'Adrien, en substituant à la condition exagérée de l'unanimité un mode nouveau d'appréciation tout arithmétique (2).

(1) *Responsa prudentium sunt sententiæ et opiniones eorum quibus permissum est jura condere :* QUORUM OMNIUM *si in unum sententiæ concurrant, id quod ità sentiunt legis vicem obtinet : si verò dissentiunt, judici licet quam velit sententiam sequi : idque rescripto divi Adriani significatur.* (Gaïus 1, comm. § 7).

(2) Je ne parle pas du *droit prétorien*, qui fut encore plus une législation spéciale qu'un mode d'interprétation.

Vint ensuite Justinien, qui couronna la quatrième époque de la jurisprudence romaine : il s'appropria l'opinion de tous les jurisconsultes autorisés à répondre *publicè* sur le droit ; il s'efforça de faire disparaitre toutes les divergences d'opinion, par ces décisions, et tout ce qu'il a emprunté aux jurisconsultes romains est devenu sous sa main un texte de loi : s'armant de la loi *Regia*, sa volonté seule suffit pour frapper du sceau de la loi l'interprétation donnée par les jurisconsultes.

Sous ce règne l'interprétation devint donc le partage exclusif du prince législateur, et c'est Justinien qui nous a légué la maxime *Ejus est interpretari legem cujus est condere.*

En résumé, si cet historique de la législation romaine sur la matière qui nous occupe, présente le droit d'interpréter la loi ayant sa base dans celui de la faire, dès l'instant où l'interprétation déclarative prend place dans cette législation, du moins ce droit se trouvait-il délégué à des jurisconsultes dont les décisions faisaient loi, ce qui fait dire au savant doyen de la faculté de droit de Paris (1) : « Du temps des empereurs (au moins » sous le règne d'Adrien), une sorte de conseil » composé de jurisconsultes fut investi par les

______

(1) CHRESTOMATHIE, *Introduction à l'étude du droit*, page 90.

« empereurs du pouvoir de dicter aux juges des
» règles auxquelles ceux-ci devaient conformer
» leurs jugemens. »

Cette délégation, il est vrai, tendit, postérieurement à Adrien, à se confondre dans les
mêmes mains; la concentration devint même un
fait, depuis Dioclétien et Constantin, et un droit
entièrement réservé à l'empereur sous Justinien;
mais de ce que ce dernier législateur a confisqué,
à son profit personnel, le droit d'interpréter la
loi, et nous a légué la maxime *Ejus est interpretari legem cujus est condere*, doit-on tirer la
conséquence que jamais l'interprétation par voie
d'autorité ne peut appartenir à d'autres pouvoirs
qu'à l'autorité législative elle-même? Non; et la
législation romaine, qu'on invoque dans le système contraire, s'élève contre cette prétention.
Les actes cités d'Auguste et d'Adrien prouvent
que ce droit peut être délégué par le pouvoir
souverain, lorsqu'il peut en résulter un état plus
normal dans l'application des lois et dans l'administration de la justice.

La question de savoir à qui appartient le droit
d'interprétation de la loi *par voie d'autorité,* se
résoudra donc selon la forme du gouvernement.

Je me trouve ainsi naturellement ramené à rechercher comment, en France, on doit appliquer
la maxime *Ejus est interpretari,* etc.; si elle doit

l'être à la lettre, ou si le droit d'interprétation peut être confié par voie de délégation à un pouvoir spécial.

Pris à la lettre, le principe est inapplicable sous la forme de la monarchie constitutionnelle; la loi de 1828 le prouve, puisqu'elle n'admet pas d'interprétation de la loi ancienne, mais seulement une loi nouvelle.

C'est qu'en effet, il est hors de la nature des chambres législatives de pouvoir rendre une simple loi interprétative, dès qu'il est permis de supposer que la question qui a divisé, d'une part, plusieurs cours royales appelées journellement à faire l'application des lois, et, de l'autre, la cour de cassation, qui renferme dans son sein tant d'hommes éminens, peut aussi diviser les diverses branches du pouvoir législatif.

Il est vrai qu'un écrivain d'un grand mérite a cru trouver réponse à cette objection, en disant qu'on doit croire que *les deux chambres sentiront le besoin de s'accorder*, parce qu'il s'agira d'une loi nécessaire, forcée (1).

C'est à dire qu'en cas de dissentiment entre les branches du pouvoir législatif, il faudra que l'une

______

(1) M. DE CORMENIN, *Questions de droit administratif* (édition de 1822). Cette opinion ne se trouve pas reproduite dans la troisième édition. Pourquoi ?

d'elles abandonne son opinion, pour embrasser celle qui lui semblera fausse; mais, s'il en était ainsi, la Charte serait violée, puisque le pouvoir législatif prendrait pour base de sa décision une marche, une règle qui attaquerait le gouvernement représentatif dans son essence : la Charte a voulu que les deux chambres fussent libres dans leurs votes, et pussent se servir avec le pouvoir royal de contrôle mutuel; et, au cas particulier, ces principes conservateurs seraient froissés....

Puis, en admettant que les trois branches du pouvoir législatif parvinssent à s'entendre sur le sens à donner à la loi dont on réclame l'interprétation, au moins faut-il que la divergence d'opinion entre les tribunaux porte sur le sens de la loi, car si elle n'a d'autre base que la détermination des caractères légaux d'un acte, qu'aura alors à interpréter le législateur? La loi est hors de cause et ce ne sont ni son obscurité ni son insuffisance qui donnent lieu au référé (1).

Cependant la loi de 1828 dispose en termes absolus et impératifs, qu'une loi interprétative

(1) « Il peut se trouver que les Cours royales soient en « dissidence sur l'interprétation d'un contrat mis en rap- « port avec la loi. » Discours de M. Isambert à la séance de la chambre des députés, du 25 décembre 1834.)

sera proposée aux chambres dans la session législative qui suit le référé.

Or, comme l'a observé M. le garde-des-sceaux devant la chambre des députés, il est donc des cas où la loi est inexécutable (1); elle commande sans pouvoir se faire obéir, parce qu'elle va au-delà de sa puissance.

Cette impossibilité d'interprétation par le pouvoir législatif, dans certaines hypothèses données, démontre encore que l'interprétation authentique ne saurait lui être imposée d'une manière absolue.

Aussi en France, avec une loi intitulée *sur l'interprétation des lois*, il n'y a plus de lois interprétatives, il n'y a même plus d'interprétation authentique; mais de ce qu'il n'y a plus d'interprétation authentique dans l'état actuel de la législation, on en a tiré la conséquence que l'interprétation n'appartenait qu'aux jurisconsultes et aux magistrats; c'est-à-dire qu'on n'admet plus que l'interprétation doctrinale ou de jurisprudence (2).

(1) « Eh bien! nous avons vingt référés de la cour de cassation où une loi interprétative n'est pas possible : je dis que, dans cette situation, on ne peut pas nous contraindre à la présenter. » (Discours de M. le garde-des-sceaux à la même séance.)

(2) Discours de M. le garde-des-sceaux et de M. Berryer à la séance de la chambre des députés, du 25 décembre 1834.

Cette conséquence, qui vient froisser tant d'idées généralement reçues, mérite le plus sérieux examen ; et alors qu'elle pourrait se présenter comme basée sur une confusion du principe en lui-même, avec son mode d'application, il y a lieu de s'entourer de tous les documens propres à faciliter la solution de cette grave question.

J'interrogerai d'abord la législation de pays divers par leur organisation politique.

L'Autriche admet la maxime *Ejus est interpretari cujus est condere*, mais avec quelques tempéramens. L'art. 8 de son Code civil général est ainsi conçu : « Au législateur seul appartient d'in» terpréter la loi selon un mode obligatoire pour » tous. Cette interprétation s'appliquera à tous les » cas encore à décider, à moins que le législateur » n'ajoute que son interprétation ne doit pas se « référer à la décision des affaires qui ont pour » objet des actions commencées et des droits ré— » clamés avant cette interprétation. »

En Prusse, où il n'existe, à ma connaissance, aucune loi organique sur le mode de faire cesser le conflit existant entre les diverses cours divisées sur le sens de la loi, on trouve, dans le Bulletin des lois, beaucoup d'ordonnances du roi qui commencent à peu près en ces termes : « Pour faire » cesser les différences d'opinions entre différens » tribunaux, sur la question de savoir.... nous

» avons donné à la loi antérieure l'interprétation
» suivante..... (1). »

En Portugal, le droit d'interpréter la loi est délégué à la *Casa da supplicaçaó*, qui rend alors
une décision où concourent tous ses membres;

(1) On doit néanmoins dire que le Code général prus-
sien a réglé le cas où il s'agirait d'une lacune dans la loi.
Les art. 53, 54 et 55 de l'introduction à ce Code sont ainsi
conçus :

Art. 53 « Si le juge ne trouve aucune loi qui puisse ser-
» vir à la décision de l'espèce en litige, il doit, après
» avoir mûrement délibéré, prononcer suivant les prin-
» cipes généraux établis dans le Code des lois, et d'après
» les ordonnances rendues pour des circonstances sem-
» blables. »

Art. 54. « Le juge communiquera de suite au chef de la
» justice cette lacune présumée dans la loi. »

Art. 55. « Si des observations de cette nature donnent
» lieu par la suite à une loi nouvelle, *elle n'aura aucune*
» *influence rétroactive.* »

En Chine, le *Ta-tsing-leu-lée*, ou Recueil des Lois fondamentales de l'Empire, renferme des dispositions ana-
logues; la 43e. section de la 1re. division, — lois générales,
— est ainsi conçue : « Tous les réglemens qui porteront le
» caractère des lois fondamentales obligeront du jour où
» ils seront publiés, et toutes les affaires seront jugées d'a-
» près les lois les plus nouvelles, quand ces affaires au-
» raient été entamées avant leur promulgation ; mais les
» statuts faits par occasion, statuts qui sont des modifica-
» tions d'une loi, n'auront aucun effet relativement aux

sa décision est appelée *assento da Casa da supplicaçaõ* (1).

En Angleterre, lorsqu'il s'élève des conflits sur le sens de la loi, entre différens tribunaux supérieurs, les ministres proposent une loi nouvelle. Je citerai pour exemple un statut de juillet 1821 (Statuts, sect. 2, Georges IV, ch. 78), rendu sur la question de savoir en quel lieu le protèt doit être fait, lorsque le paiement d'une lettre-de-change est stipulé dans un lieu autre que celui du domicile du tiré (2).

A l'analyse des divers modes d'interprétation adoptés chez ces nations, on peut reconnaitre la forme des institutions politiques.

« cas qui auront précédé leur publication ; et quand ils
» devront commencer à être exécutés à une certaine épo-
» que de jours ou d'années, ils seront suivis exactement
» au temps marqué, excepté les statuts accordant un adou-
» cissement aux peines ordinaires : ceux-ci seront toujours
» exécutés aussitôt leur publication. »

(1) La Casa da supplicaçaõ est la première cour du royaume : elle siège à Lisbonne, et connait, outre des appels des jurisdictions de son ressort particulier, de ceux de la *Relaçao* de Porto, qui est la seconde cour d'appel.

(2) Il y avait divergence sur cette question entre la cour du banc du roi et celle des plaids communs ; sur l'appel devant la chambre des lords, l'arrêt de la cour du banc du roi fut cassé, et ce fut à la suite de cette décision que le ministère présenta son projet de loi.

En Autriche, en Prusse, où le chef de l'Etat est le législateur, l'interprétation de la loi lui appartient au même titre que ses volontés promulguées sont des lois pour ses sujets.

Sous cette forme de gouvernement, l'interprétation authentique par le pouvoir législatif, ne présente aucune des difficultés presqu'insolubles qui naissent de sa division en plusieurs branches ; et encore, on a pu s'apercevoir par les seules citations qui sont faites ici, que la loi admettait des cas ou l'interprétation peut n'avoir d'effet que pour l'avenir. Il y a plus : le législateur unique, parce qu'il peut se renfermer dans les limites d'une simple déclaration interprétative, n'abdique pas pour cela son droit de législateur, et il peut également modifier ou même abroger la loi qui réclame une interprétation, selon le besoin du pays. Ainsi, nous voyons en France l'ordonnance de 1565 statuer que si les articles des ordonnances réclament une déclaration ou *modification*, les juges devront en référer au roi ; et dès avant cette ordonnance, on trouve une déclaration dite *interprétative*, de février 1549, qui *abroge* les art. 78, 81, 125 et 126 de l'ordonnance sur le fait de justice, d'août 1539 (ordonnance de Villers-Cotterets) ; or, dans ce cas, cette déclaration interprétative n'était qu'une loi nouvelle n'ayant d'effet que pour l'avenir.

Mais si, dans les Etats où le pouvoir législatif se concentrant sur une seule tête, le législateur peut indifféremment prendre la voie de l'interprétation ou porter une loi nouvelle, sans qu'il en résulte de graves perturbations dans l'administration de la justice, et sans trop froisser de principes généraux, le même système n'est plus suivi dans les pays où la législature est multiple; l'Angleterre, à laquelle nous avons tant emprunté en fait d'institutions, nous le prouve : là, l'interprétation telle que la définit le droit romain, telle que Blackstone lui-même la caractérise, c'est-à-dire avec son effet rétroactif et son application à toutes les espèces encore à décider; dans ce pays, dis-je, cette interprétation n'existe pas; on n'y porte que des lois nouvelles, dont le but peut n'être que d'interpréter une loi obscure, mais qui, en prononçant pour l'avenir, ont tous les caractères de la loi de disposition.

C'est qu'il n'en peut être autrement, dès le moment où l'interprétation demeurera dans le domaine du législateur.

Aussi, dans les États où on a voulu conserver l'interprétation authentique pour tous les cas où il y a dissidence entre les tribunaux sur l'application de la loi, il a fallu déléguer ce droit à une autorité dont l'action incessante et l'unité de corps permissent de l'interroger dans chaque espèce.

C'est l'exemple qu'offre le Portugal, où la cour souveraine (dont les attributions sont aussi politiques, en ce qu'elle peut faire des réglemens de police), rend la déclaration interprétative obligatoire pour tous les tribunaux; c'est également le mode que les essais infructueux, tentés depuis 1790 jusqu'en 1807, avaient déterminé le législateur français à adopter, lorsqu'il confia l'interprétation déclarative au chef de l'État en son conseil.

Mais en 1814 le conseil d'État se trouvant rayé par prétérition des pouvoirs constitutionnels, et n'offrant plus les garanties qu'il présentait antécédemment, l'opinion publique refusa de le maintenir en possession du droit d'interpréter la loi, et la lutte, ainsi que je l'ai constaté, eut pour résultat la loi de 1828.

Cependant des publicistes, cédant, sans doute, à l'influence du passé, d'études juridiques, et à la préoccupation de la nécessité de l'interprétation déclarative dans certaines hypothèses, voulurent, pour la conserver, et reconnaissant l'incapacité de notre législature à cet égard, la confier, les uns à la chambre des pairs (1), les autres à la

____

(1) M. Henrion de Pansey. *De l'Autorité judiciaire*, chapitre : *Des troisièmes cassations.*

cour de cassation (1), ou encore, dans une troisième opinion à laquelle je m'étais d'abord rangé, au chef de l'État en son conseil (2) ; c'est-à-dire à la seule des branches du pouvoir législatif toujours fonctionnante, au nom de laquelle tout se formule.

Aujourd'hui, de plus mûres réflexions m'ont fait reconnaître l'impraticabilité de cette dernière opinion, dont toute la base reposait sur une constitution du conseil d'État qu'il n'est pas permis d'attendre.

On ne pourrait non plus déléguer davantage le droit d'interprétation authentique, soit à la cour des pairs, soit à la cour de cassation.

Soumettre à la chambre des pairs l'examen d'une question de droit si ardue, qu'elle divise tant d'hommes experts dans la science de la législation, serait risquer de faire fausse route, en même temps que cette interprétation ne pourrait se laver du vernis politique que lui donnerait le pouvoir dont elle émanerait.

Il faut ajouter que si, ensuite, une loi nouvelle

(1) M. Favard de Langlade, *Répertoire général de Jurisprudence*, verbo *Loi*. — Sirey, tome 24 (2°. partie). page 18. et tome 25 (2°. partie). page 582.

(2) M. de Pastoret, *Rapport sur le Projet de Code militaire*. (1827. Chambre des Pairs.)

...tait **présentée sur la matière**, **la chambre des** ...airs **pourrait se trouver liée**, **jusqu'à un certain** ...oint, **par son vote précédent**, **ou frappée d'in**-...onséquence **par sa nouvelle décision.**

D'une autre part, donner l'interprétation au-hentique à **la cour de cassation serait dénaturer** ...os institutions judiciaires, et, en particulier, fausser la sienne.

Car interpréter la loi par voie d'autorité, c'est prononcer **par voie de disposition générale et** réglementaire.

Ce serait donc rayer l'art. 5 du Code civil.

Mais s'il est impossible de déléguer en France le droit d'interprétation déclarative, à cause de l'organisation **et de la compétence de nos di**-verses institutions, et en même temps de rétablir ce droit au **profit du législateur avec ses effets** rétroactifs et sa fusion avec la loi interprétée, faut-il en tirer la conséquence qu'il n'y a plus d'interprétation déclarative possible? **Oui**, si on entend refuser au législateur le pouvoir de réduire la loi qu'il peut rendre à l'occasion d'un conflit d'opinions entre diverses tribunaux, à une simple interprétation de la loi vigueur..... **Non**, si on admet que l'interprétation ne devra avoir d'effet que pour l'avenir, et ne pourra ré-troagir sur les droits acquis.

Si on demande pourquoi cette distinction, on répondra qu'elle est elle-même une conséquence de la marche des siècles et de la forme sociale de certains États : aussi un publiciste des plus célèbres, dont les aphorismes ont presque l'autorité de la loi, Kluber, modifie-t-il dans ce sens la maxime *Ejus est interpretari legem cujus est condere.* « L'interprétation authentique de la loi, dit-il, appartient au législateur seul, parce qu'elle renferme une disposition législative, attendu que la loi interprétative est en effet une *nouvelle* loi. » (§ 362, Droit public de la Confédération germanique et des États qui la composent).

Le résultat de l'examen des divers systèmes mis tour à tour en pratique, soit en France, soit chez les nations dont je viens de rappeler la législation, sera donc que la France, constituée comme elle l'est, avec son pouvoir législatif triparti et ses juges inamovibles et indépendans, n'admet l'interprétation par voie de disposition générale qu'autant qu'elle émane du législateur, qu'elle n'a d'autres effets que ceux qu'aurait toute autre loi, et s'harmonise avec le principe de la non rétroactivité, posé en l'art. 2 du Code civil.

S'il en est ainsi, le législateur doit être libre de circonscrire sa loi dans une déclaration interprétative de la loi antérieure, ou de réformer ou modifier cette loi par son nouvel acte législatif.

Ce sera aux pouvoirs auxquels notre droit public accorde la proposition des lois à rechercher, selon les circonstances, si une disposition interprétative suffit, si elle est possible, ou si les diverses combinaisons qui forment la majorité dans chaque chambre, ne réclament par une réforme ou une modification de la loi antérieure.

Mais pour que le législateur ait le droit d'adopter l'un ou l'autre mode, il est inutile qu'une loi, qui ne serait que son propre ouvrage, le consacre, parce que ce droit se confond avec son titre de législateur, comme le droit de proposer, soit une simple déclaration interprétative, soit une réforme ou une modification de la législation antérieure, s'identifie avec celui de proposer la loi.

Le plus grand vice de loi de 1828, est de forcer l'action du législateur dans tous les cas où le conflit devant les tribunaux a atteint une certaine période ; c'est sur-tout de vouloir enchaîner sa volonté, et de lui faire abdiquer les pouvoirs qui sont inhérens à sa constitution, puisqu'il est évident que ce ne sera que le vote définitif, sur la proposition, qui la présentera comme déclaration interprétative, ou loi modificative.

Toutefois, en laissant au législateur l'interprétation authentique mise en harmonie avec les principes gouvernementanx de la société, il devient nécessaire de régler l'interprétation de doctrine, de manière à rendre l'intervention du législateur la plus rare possible.

La loi de 1828 a essayé ce réglement, mais son essai est malheureux et j'en ai déjà rappelé les funestes conséquences.

Sa réforme, sous ce rapport, est autant désirée qu'en ce qui concerne l'interprétation authentique.

On a vu plus haut que des publicistes avaient proposé de confier à la cour de cassation, soit la décision du litige tant sur le droit que sur le fait, soit seulement la décision du point de droit, sauf à renvoyer devant une cour royale, pour faire l'application de la loi ainsi interprétée aux faits du procès.

De ces deux systèmes, il n'en est qu'un d'admissible sous la forme de nos institutions judiciaires.

Confier à la cour de cassation la décision définitive du litige, même sur le fond, serait sans contredit le moyen le plus sûr de faire cesser le débat sur chaque affaire; mais il a l'inconvénient insurmontable de dénaturer un ordre de jurisdictions que chacun nous envie.

En effet, le but de l'institution de la cour de

cassation est le maintien des lois générales beaucoup plus que l'intérêt des justiciables (1).

Cette cour a si bien reconnu que ses arrêts auront d'autant plus de poids qu'ils se détacheront
davantage des intérêts privés, qu'après une lutte
savante et prolongée, elle a jugé depuis nombre
d'années qu'il était hors de ses attributions de
casser pour violation de la loi du contrat, parce
que, bien que les conventions fassent la loi des
parties, cette loi toute privée n'est pas confiée à
sa garde, mais bien la loi générale (2).

(1) C'est l'intérêt public et le respect de la loi, plus que
l'intérêt de la partie, que l'on consulte; on a toujours
tenu pour principe, au conseil, que la cassation a été in-
troduite plutôt pour le maintien des ordonnances que pour
l'intérêt des justiciables. (Mémoire de M. Joly de Fleury,
présenté en 1762, lors des remontrances du parlement de
Paris sur les empiétemens de pouvoir du conseil du roi,
qui, sous le prétexte d'erreur de droit, attirait à lui la connaissance du fond des procès.)

Voir aussi Toullier, *Droit civil français*, tome 6, n. 195.

(2) Il est vrai que M. Merlin, qui avait tant contribué,
par ses réquisitoires, à établir la première jurisprudence
de la cour de cassation, revenant sur son opinion, vou-
drait faire considérer comme motif de la nouvelle jurisprudence l'obligation portée par la loi du 16 septembre
1807, du référé en interprétation dans tous les cas : « D'où
» il résulte, dit-il, que nulle cassation ne peut être moti-
» vée ni sur la violation du contrat, ni sur toute autre con-

Il est vrai que pour remédier aux conséquences fatales que pourraient avoir pour l'autorité doctrinale des arrêts de la cour de cassation les décisions mêlées de droit et de fait, on proposerait de la faire prononcer sur l'un et sur l'autre, par des arrêts séparés rendus même à des audiences différentes.

Mais outre qu'il sera bien difficile d'abstraire dans la pratique l'arrêt sur le droit de l'arrêt sur le fait, qui rétroagiront toujours l'un sur l'autre dans l'esprit public, et trop souvent dans celui des magistrats qui les rendront, on constituerait

» travention résultant d'une fausse application de la loi » au fait de la cause, puisqu'il n'est pas réservé au prince » de remettre le fait en question » (voyez *Nouveau Répertoire*, verbo *Saisie*, arrêt du 2 février 1808); comme si la même obligation du référé n'était pas portée par la législation antérieure, et comme si la loi de 1807 avait fait autre chose que de transférer au prince le pouvoir qui, avant, était demeuré entre les mains du corps législatif.

La véritable raison de décider n'est donc pas dans un transport d'attributions du pouvoir législatif au conseil d'Etat; mais elle gît dans la nature même de l'institution de la cour de cassation, qui ne s'est pas trouvée modifiée par la loi de 1807.

Aujourd'hui, il est unanimement professé et posé en principe, même par la jurisprudence, que ce n'est qu'autant qu'une décision judiciaire dénierait à un contrat, dont

la cour de cassation troisième degré de jurisdiction par cette exorbitante attribution.

Or, s'il est un principe constant, c'est que la cour de cassation n'est pas et ne peut être un troisième degré de jurisdiction, parce que, comme le dit M. Henrion de Pansey, « la demande en cassation est un nouveau procès, bien moins entre » les parties qui figuraient dans le premier qu'entre » l'arrêt et la loi... »

Autrement les cours royales, loin d'être des jurisdictions souveraines, ne seraient que des espèces de bureaux de consultation, d'arbitrage

elle aurait reconnu l'existence, les caractères et les effets que lui donne la loi, qu'elle serait susceptible de cassation ; par exemple, en appliquant à une vente les règles du droit civil relatives au simple prêt, ou en la transformant en un contrat de louage. (Voir Meyer, *Des Institutions judiciaires*, tome 5, pages 160 et suivantes. — Boncenne, *Théorie de la Procédure civile*, tome 1er., page 490. — Carré, *Traité des Lois de l'Organisation et de la Compétence*, tome 8, pages 159 et 160. — Godard de Saponay, *Manuel de la cour de cassation,* page 52. — Poncet, *Traité des Jugemens,* tome 2, page 296.)

Ce principe n'est, au surplus, que la consécration de celui de la loi romaine : *Contra constitutiones autem judicatur, cùm de jure constitutionis, non de jure litigatoris, pronunciatur.* (L. § 3, ff, *Quae sentent. sine appellatione rescidantur.*)

forcé entre les tribunaux de première instance et la cour de cassation.

Sous ce régime, la cour de cassation, composée du double de ses membres, ne suffirait pas pour prononcer sur toutes les demandes en cassation , et la justice, déjà si onéreuse et toujours trop lente, le deviendrait encore plus, parce que les pourvois seraient presque aussi fréquens que les appels.

Ce ne serait plus pour les justiciables qu'une question d'argent ; le sanctuaire pourrait, en définitive, ne s'ouvrir que pour le plus riche ; ce serait une singulière application d'un grand principe qui domine notre Charte constitutionnelle , *l'égalité devant la loi.*

Or, en présence de semblables conséquences, la cour de cassation serait la première à réclamer contre une attribution qui, loin d'ajouter à la grandeur de son but, lui enlèverait ce caractère particulier qui fait que seule, depuis sa création, elle s'est maintenue à cette hauteur de position, qu'aucune autre institution n'a pu atteindre.

Mais c'est aussi parce qu'il y a nécessité de lui conserver sa haute destination et son influence légitime sur les cours et tribunaux dont elle doit être le régulateur, qu'il faut se hâter de modifier la loi de 1828, qui lui a porté un coup que sa forte constitution a seule empêché d'être mortel.

A la cour de cassation prononçant sur le deuxième pourvoi, toutes chambres réunies, doit appartenir l'interprétation doctrinale de la loi dans chaque espèce, la décision de la question de droit qui seule a pu motiver le pourvoi, de l'examen de laquelle elle se trouve *uniquement* saisie.

A une cour royale déléguée à cet effet, doit appartenir l'application aux faits de la cause du droit interprété par la cour de cassation.

On oppose à cette théorie, qui a pour elle de maintenir le développement régulier de nos institutions, la crainte de voir la troisième cour royale, à laquelle le jugement du fond du procès sera renvoyé, s'immiscer, à cette occasion, dans l'examen du point de droit.

Cette crainte doit se dissiper devant l'autorité dont une législation prévoyante a armé la cour de cassation : l'art. 80 de la loi du 27 ventôse an 8, qui charge la chambre des requêtes d'annuler tous actes judiciaires quelconques, qui renferment des excès de pouvoir ou sont contraires aux lois ou aux formes de procéder, sera la sanction pénale de la défense faite par la nouvelle loi aux cours et tribunaux, de s'occuper du point de droit, lorsque le fait leur est seulement soumis; en admettant toutefois qu'il se rencontre des juges assez oublieux de leurs premiers devoirs pour, par une violation volontaire de la loi, exposer leurs actes à être annulés (1).

Dira-t-on que dans ce système, on enchaîne le libre arbitre du juge de fait? Mais ce libre arbitre a pour limites la loi; il ne peut se manifester que dans le cercle d'attributions que la loi donne au juge; au-delà, ce n'est plus du libre arbitre, mais bien de l'arbitraire.

Objectera-t-on encore qu'il est des cas où il est difficile de séparer le point de droit du point de fait?

Je comprendrais l'objection, si la cour de cassation s'était maintenue dans sa fausse jurisprudence de casser, pour violation de la loi du contrat; mais aujourd'hui la difficulté disparaît devant la jurisprudence contraire.

Les observations déjà présentées sur cette jurisprudence le prouvent, puisqu'il en résulte que toutes les fois que l'arrêt attaqué n'a pas violé, faussé, mal interprété ou appliqué la loi générale, il échappe à la censure de la cour de cas-

---

(1) Cette sanction sera d'autant meilleure qu'en cas d'annulation d'après l'art. 80 de la loi de ventôse an 8, cette annulation n'ayant lieu que dans l'intérêt de la loi, elle n'a pour objet que de conserver le principe de la loi générale, sans remettre en débat les intérêts des parties privées, dont tous les droits restent saufs.

sation, quand même il y aurait mal jugé au fond. Or, si pour reconnaître cette fausse application ou fausse interprétation, il y a nécessité de rechercher les faits de la cause, la cour de cassation ne peut les prendre en considération que comme ils sont constatés matériellement par la jurisdiction inférieure : aussi, lorsque dernièrement on a dit à la tribune parlementaire qu'il était bon nombre de cas où la cour de cassation annulle, et où cependant il n'y a pas lieu à interprétation de la loi, on a pu se demander un instant si cette proposition n'était pas un retour vers une jurisprudence condamnée à juste raison ; mais elle n'a pu être la pensée des savans jurisconsultes qui rappelaient ce fait, et c'est parce que je l'ai cru, qu'en analysant les vices de la loi de 1828, j'ai circonscrit le sens de leurs paroles aux cas où la cour de cassation apprécie les caractères légaux des actes, objet du litige (1).

Il faut donc décider que *jamais* la cour de cassation ne peut être appelée à statuer sur des questions de fait.

Si l'on reconnaît le bien-fondé de cette opinion, on tirera pour déduction de mon travail les propositions suivantes, qui pourraient former les ba-

(1) Voir ci-dessus la note de la page 32.

ses d'un projet de loi à présenter aux chambres législatives :

Art. 1er. Lorsqu'après la cassation d'un premier arrêt ou jugement en dernier ressort, le deuxième arrêt ou jugement rendu dans la même affaire, entre les mêmes parties, est attaqué par les mêmes moyens que le premier, la cour de cassation prononce, toutes les chambres réunies, et renvoie le jugement du fond du procès à la cour royale qu'elle délègue, pour, par cette cour, y être fait l'application du droit, tel que l'arrêt de renvoi l'a décidé.

Art. 2. La cour royale désignée en conformité de l'art. 1er., prononce, toutes les chambres réunies, sans pouvoir, en aucun cas, s'immiscer de nouveau dans l'examen de la question de droit décidée par l'arrêt de renvoi de la cour de cassation, sous peine d'annulation de son arrêt, pour violation de la loi et pour excès de pouvoir, conformément aux art. 80 de la loi du 28 ventôse an 8 et 441 du Code d'instruction criminelle.

Art. 3. Expédition de l'arrêt de la cour royale sera, à la diligence du procureur-général près ladite cour, adressé, dans le mois de son prononcé, à notre garde-des-sceaux, ministre de la justice, pour, au besoin, sur sa dénonciation, être statué par la cour de cassation ce qu'il appartiendra.

Art. 4. La loi du 28 juin 1828, ainsi que toute disposition contraire aux présentes, demeure abrogée (1).

(1) Le projet de loi ne doit s'occuper que de régler l'interprétation doctrinale, parce que le législateur ayant dans ses pouvoirs naturels le droit d'interpréter la loi pour l'avenir, et ce mode d'interprétation étant le seul admissible sous notre forme de gouvernement, ce droit n'a pas besoin d'une nouvelle consécration : il existe par cela seul que les constitutions du pays n'y font pas exception.